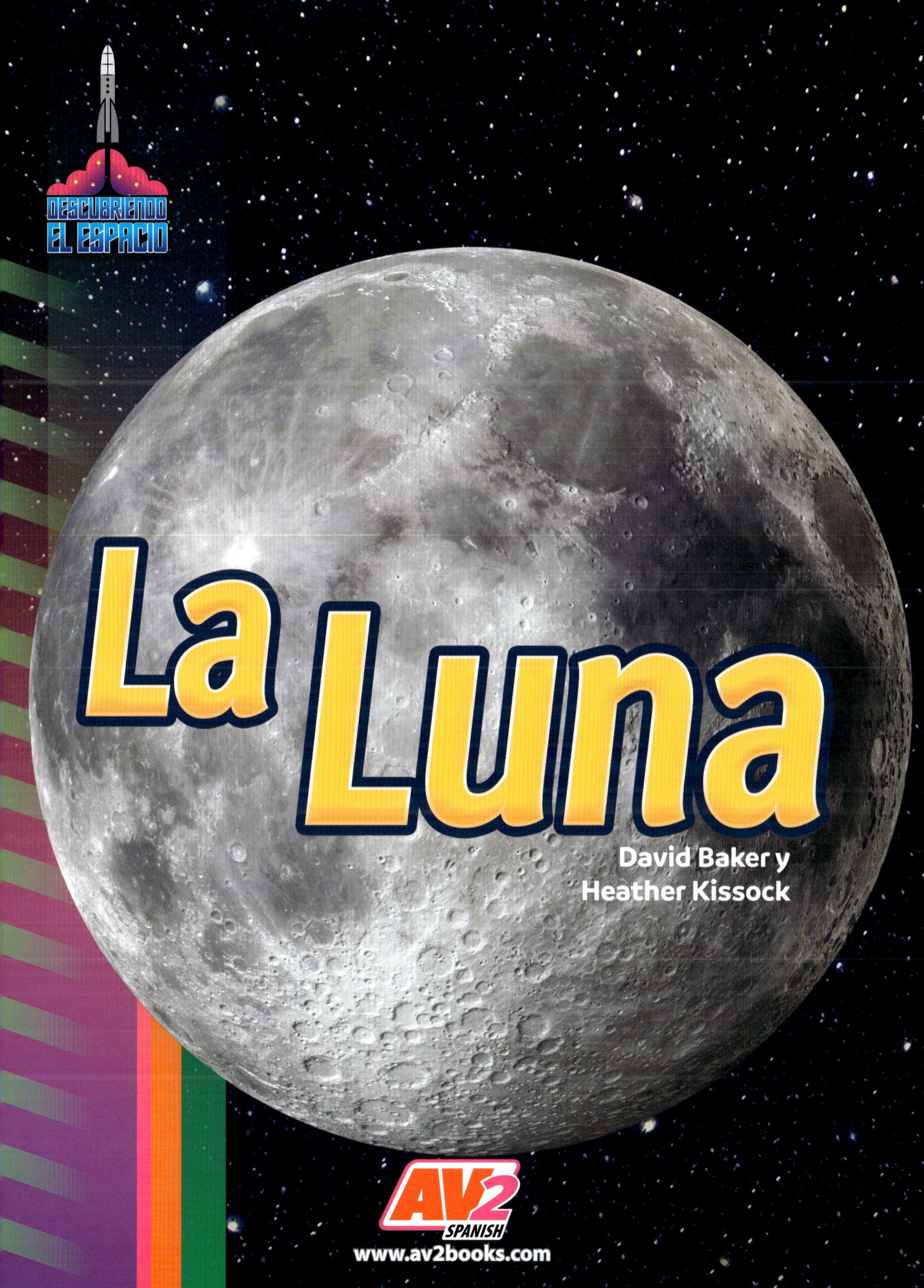
DESCUBRIENDO
EL ESPACIO
La Luna
David Baker y
Heather Kissock
AV2
SPANISH
www.av2books.com

La Luna

CONTENIDOS

En el cielo nocturno

La Luna es gran objeto espacial cercano a la Tierra. Se ve mejor por la noche. Es el vecino más cercano de la Tierra. Los científicos creen que la Luna se formó hace unos 4500 millones de años. Esto es entre 30 y 50 millones de años después de la creación del **sistema solar** de la Tierra.

LA LUNA
en números

Distancia promedio de la Tierra
238 855 millas
(384 400 kilómetros)

Velocidad orbital promedio
2287 millas por hora
(3680 km por hora)

Diámetro
2160 millas
(3476 km)

Personas que han caminado en ella
12

Los cráteres de la Luna

La Luna tiene hoyos redondos llamados cráteres. Los asteroides que chocaron contra la superficie lunar formaron estos cráteres. En una noche clara, se pueden ver manchas oscuras en la Luna. Estas manchas son áreas deprimidas y planas llamadas marías. María significa "mar" en latín. Las áreas más brillantes se llaman tierras altas. Son montañas y planicies escabrosas.

Todo sobre los cráteres lunares

Cantidad de cráteres reconocidos oficialmente
9137

Cantidad total de cráteres*
Más de 500 millones

***Estimado**

Principales tipos de cráteres
5, por su forma y tamaño

Cráter lunar más grande
Polo Sur-Aitken, con un diámetro aproximado de 1600 millas (2500 km)

Cráter lunar más pequeño
Se llama Sampson y tiene un diámetro de 1,1 milla (1,8 km)

Calor y frío

El Sol ilumina y calienta a la Luna. En la Luna, hace mucho calor durante el día y mucho frío por la noche. La temperatura de la superficie lunar puede ir desde los 243° Fahrenheit (117° Celsius) hasta los -272° Fahrenheit (-169° Celsius). En la Luna no hay viento ni lluvia porque no hay aire ni agua.

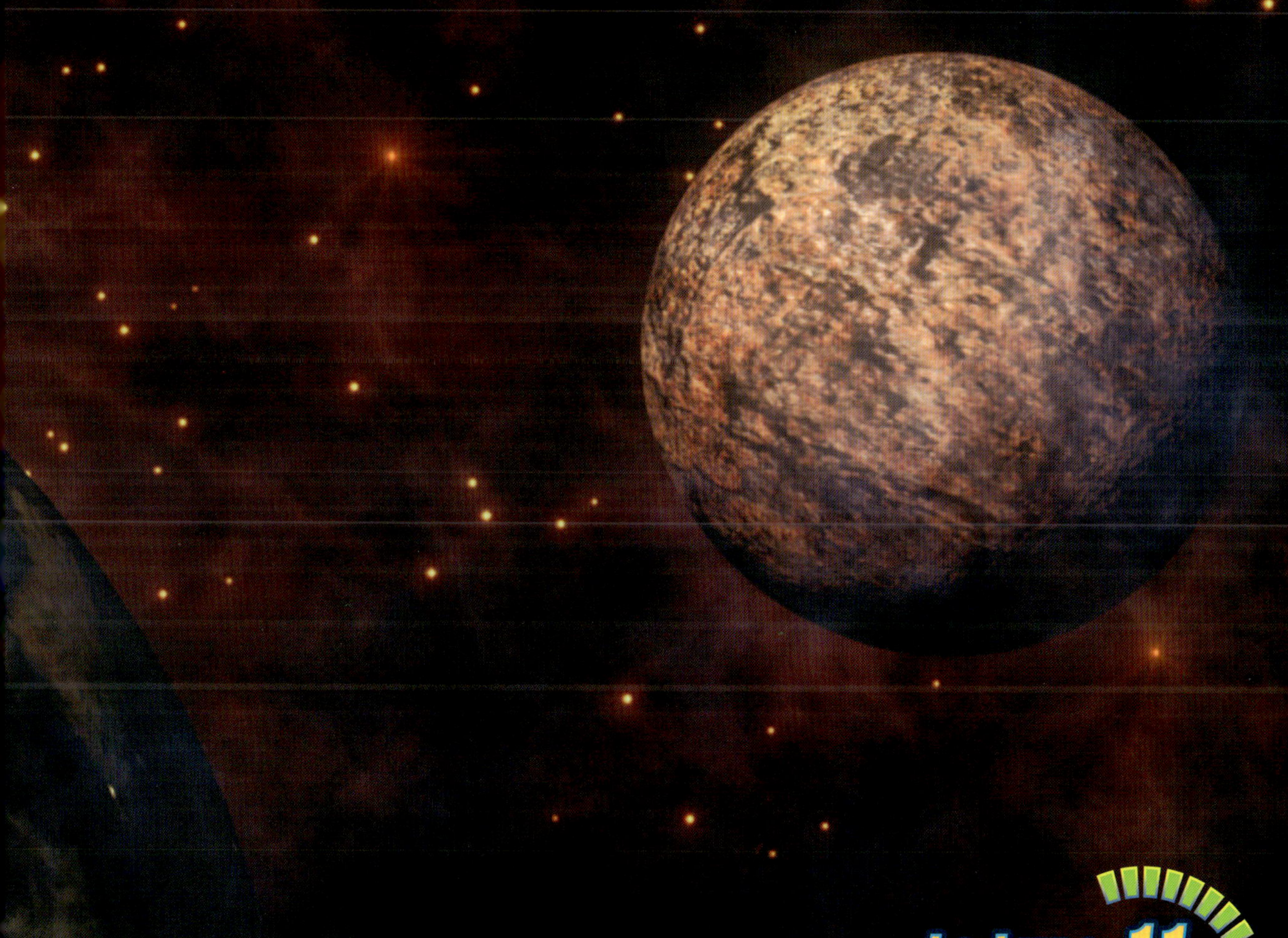

En órbita

La Luna se mueve alrededor de la Tierra en una trayectoria llamada órbita lunar. La Luna se mueve a 2300 millas (3700 km) por hora. La Luna se está alejando lentamente de la Tierra. Su órbita se ensancha 1,5 pulgadas (3,8 centímetros) por año.

La Luna tarda **27,3 días** en dar una vuelta alrededor de la Tierra.

Las fases de la Luna

A veces, solo se puede ver una parte de la Luna. Otras veces, se puede ver la **luna llena**. Estos cambios se llaman fases de la Luna. La Luna y la Tierra se mueven constantemente. Esto significa que el Sol ilumina una parte diferente de la Luna todas las noches. La Luna pasa por ocho fases. Tarda más de 29 días en pasar por todas sus fases.

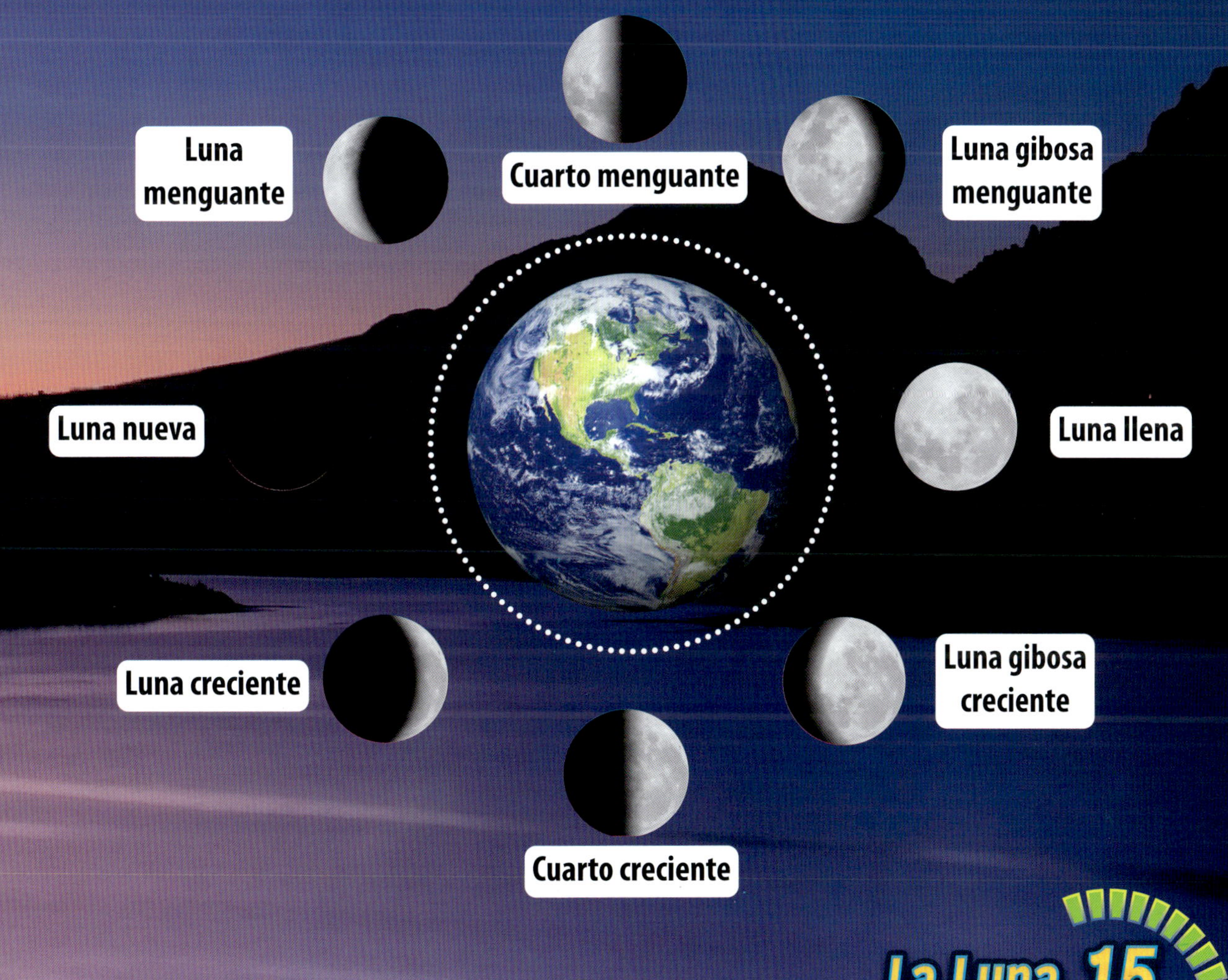

La Luna desde la Tierra

Desde la Tierra, se puede ver solo un lado de la Luna. Aproximadamente el 59 por ciento de la superficie lunar se puede ver desde la Tierra. La cara de la Luna que mira hacia la Tierra es siempre la misma. A veces, la Luna bloquea la luz del Sol. Esto se llama eclipse solar.

Tipos de eclipses solares

Eclipse parcial

Ocurre cuando la Luna no llega a cubrir por completo al Sol.

Eclipse anular

En este tipo de eclipse, la Luna se centra delante del Sol pero no lo cubre totalmente.

Eclipse total

En el eclipse total, la Luna cubre al Sol por completo.

En 1969, **astronautas** estadounidenses viajaron a la Luna y plantaron la bandera de los Estados Unidos. Los estadounidenses han plantado seis banderas en la Luna. Antes de la llegada a la Luna, en 1969, la **Administración Nacional de la Aeronáutica y el Espacio (NASA**, por sus siglas en inglés**)** había enviado orbitantes lunares alrededor de la Luna para tomar fotografías. Estos orbitantes lograron fotografiar casi el 99 por ciento de la superficie lunar.

En 1969, los astronautas estadounidenses amararon en el **Océano Pacífico** cuando regresaron a la Tierra.

La luz de la Luna

La Luna ilumina el cielo por las noches. La Luna llena es el segundo objeto más brillante del cielo. Solo el Sol brilla más. Antes de que existiera la luz eléctrica, los granjeros dependían de la luz de la luna para cosechar en otoño después de la puesta del Sol. Por eso, a la luna llena y brillante de la época de cosecha se la llama luna de cosecha.

La Luna 21

Cuestionario sobre la Luna

1
¿Qué son los cráteres?

2
Según los científicos, ¿cuándo se formó la Luna?

3
¿Qué le da el Sol a la Luna?

4
¿Qué es un eclipse solar?

5
¿Por qué no hay viento ni lluvia en la Luna?

6
¿De qué tipo de roca está compuesta la mayor parte de la superficie lunar?

7
¿Cuándo viajaron a la Luna por primera vez los astronautas estadounidenses?

8
¿Cuántos días tarda la Luna en viajar alrededor de la Tierra?

RESPUESTAS

1. Hoyos redondos en la superficie lunar **2.** Hace 4500 millones de años **3.** Luz y calor **4.** Cuando la Luna impide que la luz solar llegue a la Tierra **5.** Porque no hay aire ni agua en la Luna **6.** Basalto **7.** En 1969 **8.** 27,3 días

Palabras clave

Administración Nacional de la Aeronáutica y el Espacio (NASA): organismo del gobierno federal estadounidense encargado de la exploración espacial

asteroide: objeto pequeño y rocoso que viaja alrededor de una estrella

astronautas: personas que han sido entrenadas para viajar al espacio

basalto: roca gris o negra formada por el enfriamiento de la lava líquida

luna llena: la fase en la que la Luna se ve totalmente iluminada desde la Tierra

orbitar: viajar alrededor de otro objeto en el espacio

sistema solar: el Sol y todos los planetas y objetos que orbitan a su alrededor

superficie: la capa externa de un objeto

Índice

Obtén lo mejor de los dos mundos

AV2 acorta la brecha entre lo impreso y lo digital.

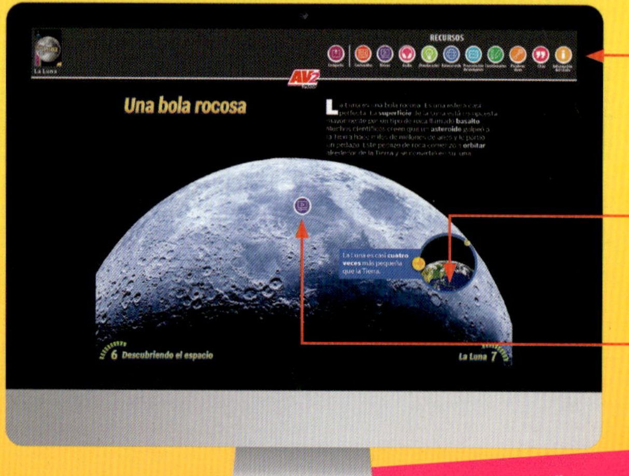

La barra de herramientas de recursos expansible permite acceder rápidamente a los contenidos, que incluyen **videos**, **audios**, **actividades, enlaces web**, **presentaciones de imágenes**, **cuestionarios** y **palabras clave**.

Los **videos animados** hacen que las imágenes estáticas cobren vida.

Los íconos de los recursos de cada página ayudan a los lectores a **explorar los conceptos más importantes**.

Published by AV2
276 5th Avenue, Suite 704 #917
New York, NY 10001
Website: www.av2books.com

Library of Congress Control Number: 2021936425

ISBN 978-1-7911-4056-4 (hardcover)
ISBN 978-1-7911-4057-1 (multi-user eBook)

Printed in Guangzhou, China
1 2 3 4 5 6 7 8 9 0 25 24 23 22 21

042021
101720

Designer: Ana María Vidal
Project Coordinator: Sara Cucini
Spanish Editor: Translation Services USA LLC

Photo Credits
Every reasonable effort has been made to trace ownership and to obtain permission to reprint copyright material. The publisher would be pleased to have any errors or omissions brought to its attention so that they may be corrected in subsequent printings. AV2 acknowledges Getty Images and Alamy as its primary image suppliers for this title.

 Encuentra nuevos títulos y videos de productos en www.av2books.com